Himmel und Erde

Diethard Pense

Informationen zum Autor: Diethard Pense als gebürtiger Oberschlesier war zuletzt mehrere Jahrzehnte lang Gemeindepfarrer in Arnsberg im Sauerland. Davor war er Pastor in Dortmund, Vikar im südwestenglischen Bath. Sein Studium absolvierte er in Münster, Heidelberg, Wuppertal und Göttingen. Bei all diesen Wegstationen konnte Diethard Pense eine Vielzahl von Städten und Regionen vorrangig Deutschlands intensiver kennen lernen.

Seine ersten Gedichte verfasste Diethard Pense bereits als Pennäler. Ein Germanistikprofessor förderte eine Gruppe literaturbegeisterter Flüchtlinge, insbesondere unseren Autor. Einen Gedichtsband veröffentlichte er im Jahr 1979 unter dem Titel „Nichts als Dank".

Diethard Pense

Himmel und Erde

Gedichte und Erzählungen mit Humor und Glauben

Bibliografische Information der Deutschen Nationalbibliothek: Die Deutsche Nationalbibliothek verzeichnet diese Publikation in der Deutschen Nationalbibliografie; detaillierte bibliografische Daten sind im Internet über http://dnb.dnb.de abrufbar.

Herstellung und Verlag: BoD – Books on Demand, Norderstedt

ISBN: 9783751996372

Inhaltsverzeichnis:

II

I. Naturgedichte und andere

Ballade

Auf der Straße wankt mit Hast
eine alte Frau daher,
tief gebückt von großer Last
und der Atem geht so schnell und
schwer.

Ach, sie seufzet tief und stöhnt:
Nimmt die Straße gar kein End?
Immer weiter sie sich dehnt,
wenn sich doch nur Hilfe fänd!

Manches Auto saust vorbei
mit Getöse und Radau.
Keiner hört den heis´ren Schrei,
keinen kümmert diese Frau.

Doch weit hinten folget ihr
schnellen Schritts ein junger Mann
und sein Auge voll Begier
schaut des Weibes schwanke Bahn.

Sieht den Rucksack voll gepackt,
fast die Frau zusammen bricht,
siehet, wie sie ganz verzagt,
doch ein Mitleid regt sich nicht.

Durch den Burschen schrecklich zieht
ein Gedanke voller List.
Er beschleunigt seinen Schritt,
bald die Frau erreichet ist.

„Oh, der Sack ist viel zu schwer
für die Schultern einer Frau.
Geben Sie ihn mir nur her"
freundlich spricht's der Bursche
schlau.

„Geben's her, ich helfe gern,
da es so von Nöten ist,
denn der nächste Ort ist fern,
bis zum Zug nur kurze Frist."

Und er nimmt die schwere Last,
dass die Frau aufatmen kann.
Weiter geht es ohne Rast,
dankbar schaut die Frau ihn an.

Prüfend blickt der Bursch herum.
Niemand ist jetzt in der Näh.
Dichte Wälder stehn rings um,
mit der Beut verschwind ich jäh.

Grade will er schnell entfliehn,
hebt schon seinen Fuß zum Lauf,
da sie wendet sich an ihn,
unbehaglich schaut er auf.

Und die Frau hält seine Hand,
ganz erfüllt von Dankbarkeit,
still hört er wie fest gebannt
sie erzählt von ihrem Leid.

„Ach des Krieges wilde Wut
riss den Mann von meiner Seit.
Unter Trümmern liegt mein Gut,
hin für immer ist die Freud.

Vielen geht es so zur Zeit,
Elend ist der Tage Los,
jeder trägt allein sein Leid,
mag es klein sein oder groß.

Und so half auch niemand mir,
fremd vorbei ging jeder Mann,
bald wollt ich verzweifeln schier,
Gutes haben Sie getan.

Viel vermag ein freundlich Wort,
mehr die hilfsbereite Hand,
Liebe sucht ich immerfort,
selten ich sie bisher fand."

Ach ihm geht es selber so.

Hin sein Gut, die Lieben tot

und er wurde nimmer froh,

denn zum Schlechten trieb die Not.

Wie der Bursche sich nun schämt,

heiß schießt es ihm ins Gesicht,

kommt sich vor wie ganz verfemt

und der Frau entflieht er nicht.

Friedlich wandern sie entlang,

bald sind sie an Ort und Stell.

Er erwartet keinen Dank,

mit kurzem Gruß entweicht er schnell.

Muttertag

Die Bäume stehn im leisen Laub,

Pfingsten ist's, die schönste Zeit.

Mutter, dein Tag! Das eine glaub:

wir lieben uns alle beid.

Warum noch Worte mehr,

die Liebe ist gar zart,

sie kommt vom Himmel her,

im Herzen dir bewahrt.

Der Reiher

Wie ein Standbild steht der Reiher,
faszinierende Gestalt,
unbewegt am kleinen Weiher,
Energie im Blick geballt.

Dürr zerbrechliches Gestelle,
schwarze Augen blicken starr,
rührt sich gar nicht von der Stelle.
Beute spürt nicht die Gefahr.

Blitz durchzuckt die zarten Glieder,
Spieß des Schnabels sticht im Nu -
schwinget dann sein weit Gefieder,
kreist den hohen Wipfeln zu.

Lichter Nebel

Morgens, wenn die Einsamkeit
suchend in die Wälder weicht,
weint der Nebel grau sein Leid.

Bebend löst er zag sein Kleid
und er wird so licht und leicht,
Tränenperlen schimmern weit.

Da! In aller Seligkeit
hat er schon das Blau erreicht.
Auf die Erde sinkt sein Leid.

Tränen, funkelnd angereiht,
haben Knospen schon erweicht.
Schimmernd blüht der Blumen Zeit.

Versöhnendes Lied

Von schönen Tagen
in Tönen sagen
Sehnsuchts Saiten:
alte Zeiten.

Von dunklen Tönen
sich mild versöhnen
alten Leisen
neue Weisen.

Kraniche

Ein Glück, dass es das noch gibt:
Kraniche in Formationen,
gezackt am Blau des herbstlichen
Himmels!
Aus der Einsamkeit des Waldes
Schreie lenken meinen suchenden
Blick.
Und siehe da, die Faszination am
Himmel!
Harmonie und Eintracht,
keiner lässt den anderen.
Das eine Ziel treibt weiter ohne Ermü-
den.

Ein Glück, dass es das noch gibt:

sich nicht verstören lassen

durch die Flugproduktionen der

menschlichen Hand,

die Stille mordend im Alarm des

Lärms.

Majestätisch zieht Ihr Euren Weg,

Heil bedeutend wie am Himmel

der Bogen des Bundes.

Wer gibt Euch das Ziel?

Wer gibt Euch das unfehlbare Muss?

Nachdenken, Nachsinnen.

Ein Glück, dass es das noch gibt.

Dank sei Gott, dass es Euch noch

gibt!

Wer bin ich für dich, o Gott?

Für den Piloten, hoch oben im Blauen,
bin ich ein Punkt.
Was bin ich für dich?
Für den Mann in der Maschine, rasend
durch die Himmel,
bin ich ein Minusstrich in der Land-
schaft,
zum Stecknadelkopf zusammengezo-
gen,
wenn er mich überhaupt wahrnimmt,
den einsamen Menschen auf schma-
lem Waldweg.
Wer bin ich für dich?

Wohl bin ich ein Pünktchen, ein Korn
in vollem Speicher,
ein Stecknadelkopf im Walde von
Bäumen.
Doch ich lebe, ich frage,
ich habe Sehnsucht, so groß wie der
Himmel,
Leid, so groß wie die Ströme,
Hoffnung, weiter als der Horizont.
Ich lebe und fühle und frage.
Wer bin ich für dich?
Klein und winzig, kaum wahrzuneh-
men
oder unendlich groß und kostbar, ein
Mensch.
Wer bin ich für dich?

Glück

Ein Glück, dass es das Glück noch
gibt!
Laut herausschreiendes Glück
wie beim Torschuss nach vielen glück-
losen Versuchen,
nur scharf daneben, aber daneben.
Nun zerreißt es den Schützen förmlich
vor Glück,
zerreißt ihn, hingerissen zum Himmel,
hingerissen zur Tribüne.
Lautes Glück!

Ein Glück, dass es das Glück noch
gibt!
Tiefes Glück,
zu Freudentränen bewegend,

ein ärztlicher Befund, nach langem,

zitterndem Warten,

endlich aufatmendes Erlösen:

Der Befund: negativ, gut für mich.

Tiefes Glück!

Ein Glück, dass es das Glück noch

gibt!

Stilles Glück,

leises Glück auf herbstlichen Wegen,

leise raschelndes Blättermeer

unter und vor übermütigen Füßen.

Ein Gedicht, leise empfangen, ange-

nommen, freundliches Echo.

Stilles Glück!

Ein Glück, dass es das Glück noch

gibt!

Gib recht sorgsam Acht

Gib recht, recht sorgsam Acht,
dass nicht ganz unbedacht
durch ein, zwei Worte nur
dem Freunde bitter weh,
dem Herzen Leid gescheh.

Gar oft schon fühlt´ ich hart,
was leicht gesprochen ward,
ein kleines Wörtlein nur,
das Wunden weh´ berührt,
dass es das Herz gespürt.

Du selber schon gesehen hast
den Freund plötzlich erblasst
durch ein, zwei Worte nur.
Dir selbst klang manches Mal
ein Wort in lauter Qual.

Drum gib recht sorgsam Acht,
dass nicht ganz unbedacht
durch ein, zwei Worte nur
dem Freunde bitter Weh,
dem Herzen Leid gescheh´.

Erste Rose

Nicht des Sommers letzte Rose,

nein, die erste Rose, sie ist dein.

Lässt die Sonnentage ahnen,

dringt in neues Leben ein.

Sonne sprengt mit warmen Kräften,

streng geschlossne Knospe jetzt ent-

zwei.

Seidenzarte Blätterblüten,

sie entfalten sich zu deinem Mai.

Der See

Grüngebettet ruht die Wasserfläche,

drüber wehet leis´ der Wind.

Kräuselnd spielen fein die Wellen,

Sonnenstrahlen tauchen tief,

breiten frische Farbenbündel

weithin. Schimmernd liegt der See.

Dunkle Tannen stehn am Ufer,

und die Birke neigt sich sacht.

Auf dem Zweige wippt ein Vöglein,

schwebt nun überm See dahin,

streift das Wasser schnell im Fluge,

helle blitzet sein Gefieder.

Tief bewaldet schaun die Berge,

baden dunkel ihr Gesicht

in den klaren, tiefen Fluten.

Und kaum spiegelt sich ihr Bild,

muss ihr Schatten schon erbleichen,

dort, im selberhellen See.

Nach dem Zusammenbruch

Du Grüblermann
mit weißem Haar,
ein Künstler oder was Du bist:
nun schau dir an!
Du weißt, was war,
nun sieh, was ist!

Ragt noch das Mal,
das du gebaut
den Mächtigen und dir zum Ruhm?
Im Trümmertal
tief fröstelnd schaut
der Mensch sich um.

Wie hat Bestand,

was du erdacht,

was je ein Mensch den Winden

sprach?

Was Menschentun erfand,

in einer Nacht

in Trümmern brach.

Doch ist Bestand,

der bleibt und zählt,

wenn Menschenschrei zum Himmel

gellt:

wo Gottes Hand

sich zu dir hält,

baust du die Welt.

Schmerzliches Lied

Schmerzlich ist mir das Lied,

das fröhliche Worte spricht,

denn Kümmernis geschieht

dem Herzen und Tröstung nicht

vermag´s ihm zu geben.

Hell tönet das Lied und bricht

in schmerzliches Leben.

Die Zeit

Manchmal, da wünscht ich,
du schwindest dahin,
wenn ich unwillig
der Nachtzeiten bin.

Manchmal, da wünscht ich
du ständest still,
weil ich dich
erfüllen will.

Suche

Du Freund, ich suche dich,

wenn alles sonst gefunden

und Glück und Schöne schon emp-

funden.

Dich suche ich

in meinen Stunden

in meinen Stunden.

Wohl weiß ich viel',

die sich mit mir verbanden

und doch dem Herzen ferne standen.

Doch dich ich fühl,

wo andere längst entschwanden.

So komm, mein Freund,

komm du im früheren Gewande,

zu binden neu die Bande,

dass mir dein Bild erscheint

zu spiegeln junge Lande.

Werde Kind

Viel Wunden das Leben schlägt,
viel Narben bleiben eingeprägt,
viel Leid und Sorgenfalten
Dein Angesicht gestalten.

Was tief im Finstern lag,
das zerr nicht an den hellen Tag.
Deck es mit Balsam fraulich lind,
werd' frei und werde Kind.

An der Ostsee

Rauschen des Windes im Ohr,
Rauschen der Wellen im Chor,
Töne anschwellen, dann wieder mono-
ton,
Winde und Wellen, Ewigkeiten schon.

Nur einsam groß

Flamme möchte' zur Flamme sich
sehnlichst neigen.
Flamme muss sich ritterlich
einsam zeigen.

Groß ist einsam nur das Licht,
muss sich ganz verschweigen,
um wie Sonnenangesicht
aus der Nacht zu steigen.

In Mutters Hut

Sternenreich
schmiegt sich weich
das himmlisch Kleid.
Der Wolken Glanz
verschwimmet ganz
im Mondgeschmeid.

Menschen sind
wie das Kind
in Mutters Hut.
Die Hand es hält,
ihr Haar hinfällt
und duftet gut.

Mahnung

Ganz still wird's auf dem Schlachten-
feld,
verwundet werden viele fortgetragen.
Ein letztes Sammelzeichen gellt.
Verstummt ist alles Stöhnen, alles
Klagen
nach heißem Kampfe.
Mit blutig feuerroten Zweigen
glühn Riesenbäume in den Himmels-
raum.
Soldaten ruhn von wilden Reigen,
verkrampft die starren Glieder,
blut'gen Schaum
auf bleichen Lippen.

Sanft streicht der Wind, die stumm da
liegen,
geheimnisvoll erhebt sich seine Macht
zum Sturm, der schreckt die Mütter an
den Wiegen
und Menschen, die bereit zu neuer
Schlacht
und mahnt und droht.

Altes Haus

Knarrende Dielen
künden den Schritt.
Haus in den Sielen
zitterst noch mit.

Standest gegründet
jahrhundertelang.
Warest verbündet
Freuden und Drang.

Junge und Alte
waren dir Gast.
Schritte, sie hallten
ruhelose Hast.

Schritte, auch müde
quälten sich fort,
grobe und rüde
stampften den Ort.

Dielen, sie beben,
knarren im Schritt,
sterben und leben,
zittern noch mit.

Schönheit

Schönheit, die im Herzen wehtut,

Schönheit, dass das Herz erschrickt.

Schatz, der tief im dunklen See ruht,

ahnungsvoll steh ich gebückt,

sehnsuchtsvoll ihn zu erlangen.

Schönheit, fremd ist dein Gesicht,

von den Händen unberührt.

Doch im schmerzlichen Verzicht

deine Fremde Nähe wird

herzliches Umfangen.

Heimatlos

Heimatlos – schweres Los,

Sehnsucht stark und ewig groß.

Kind vertraut, Mutterschoß,

Heimat lässt Dich niemals los.

Schlesien

Schlesien – unsere Gedanken
sind immer dir nahe
all' unsern fernen Schritten.

Schlesien – unsere Grüße
finden viel schnelle Boten,
Wolken und Winde und Sterne.

Schlesien – unsere Träume
sind Wehmut und Leiden.
Flüsse tragen den Namen.

Schlesien – unsere Rechte
leben. Wir lassen dich nicht,
unvergessen, Heimat.

Sonnenmorgen

Mit seinen Strahlenstecken,
die Haare glühn in Brand,
uns aus dem Schlaf zu wecken,
brennt Morgenrot ins Land.

Und teilt mit Sonnenhänden
die frohen Farben aus.
Von glühendem Verschwenden
umkränzt sich Land und Haus.

Schau doch! Vergoldet stehen
die Gipfel schön in Brand.
Den Morgen anzusehen
geh ich ins Sonnenland.

II. Jahreszeiten

Sehnsucht

Unendliche Sehnsucht
in allem Gefühl,
dass selige Frucht
den Zweigen entfiel.

Unendliche Sehnsucht
nach einem Gesicht,
das tastend gesucht,
und lächelnd mir spricht.

Unendliche Sehnsucht
dir nahe zu sein.
In grünende Bucht
das Meer reicht hinein.

Unendliche Sehnsucht

nach allem und dir,

nach reifender Frucht,

des Herzens Begier.

Februar

Noch einmal wird der Winter hart!

Ein eisig kühler Morgen

tritt frisch hervor zu seiner Fahrt.

Sieh! Sonne träget Silber

im kalten Strahl verborgen.

So ist der Februar,

hält noch den Winter in der Hand

und schaut doch wie gebannt

– es merkt es alles Land –

ins neue frühe Jahr.

Vorfrühling

Graugelbes Gras wellt trübe

den Abhang hin.

In goldverspielter Liebe,

als ob sie Schätze grübe,

birgt sich die Sonn darin.

Und haucht den Glanz vom Grünen

den Gräsern ein,

dass sie so golden schienen,

als wollten sie verdienen

den teuren Sonnenschein

Mai

Frisches Grün und frohes Leuchten,
wie gesund ersteht das Land!
Blumen steigen aus den feuchten
Wiesen wie aus Gottes Hand.

Freier singen alle Lieder,
leichter geht des Menschen Gang,
wissen alle, Herz und Glieder,
jeden Mai dem Schöpfer Dank.

Juni

Hochgewachsen ist das Gras im Nu.
Wundersam, so tief darin zu liegen!
Alle weichen Juniwinde schmiegen
mir wie Wellen alle Gräser zu.

Hohes Grün umschließt mich gut und
weich,
Augen schaun in blauentfernte Räu-
me.
Juni, aller Frühlingswunder reich,
aller Blumen, Düfte, aller Träume.

Vor dem Gewitter

Träumend neigt sich Gras wie Blatt,
von der Sonne eingewiegt.
Falter gaukelt seinen Pfad,
trinkt sich an den Rosen matt,
Blütenkelchen angeschmiegt.

Schwere Wolken schweben zag,
schlanke Bäume nicken leis.
Frieden noch – dann stirbst du, Tag,
grell im Blitz und schwarz im Schlag! –
Schade, dass ich darum weiß.

Frühlingslied

Blütenblätter fallen,
vom zagen Wind des Frühlings fortge-
tragen
im rosareinen Hauch
von allen
Bäumen, Busch und Strauch.

Wie Blüten schweben,
singen die Lieder.
Seht, der Vögel bunt Gefieder
flieg'n eilends hin zum Herrn
und bringen
sie, als wenn es Grüße wär'n.

Wandern

Herrlich lässt es sich wandern,
wenn der Wind mit dir geht.
Treibet ein Schritt den andern
wenn der Wind dich umweht.

Wandern wollen wir beide,
nehmen den Wind uns mit.
Hei, der zerrt uns am Kleide:
weiter, weiter zu dritt!

Herbst

Dir gelten viele Lieder, Gedichte,
vor allem viele Gefühle.
Du bringst uns finstere Schatten
und Dunkel und große Kühle.

Du bringst uns Ahnen und Ängste,
dass alles mit einmal zu Ende.
Du greifst uns zum Hirn und zum Her-
zen,
so kalte Finger, so kalte Hände.

Du zeigst auch gute Gesichter

in feuerflammenden Farben.

Du schenkst den Menschen und Tie-

ren

ganz kostbare Erntegaben.

So lieb ich Dich am Ende des Jahres

und weiß um Dunkel und Farbenhelle

und weiß um Sterben, Vergehen,

zum Leben stehe ich an der Schwelle.

Wandern im Schnee

Weit schimmerndes Feld
und blendende Näh,
von Kerzen umstellt
das Wandern im Schnee.

Da hat sich gesellt
zur Erde die Höh
zum Tanz aller Welt
im Brautkleid von Schnee.

Wintermorgen

Es hat viel und stark geschneit
in schieferschwarzer Nacht.
Das Licht hat vor der Zeit
mich blendend wach gemacht.

Der Frühling ist nicht ferne,
hatt' ich davon gedacht,
doch weiße Flockensterne
verschweben weit und sacht.

Nicht will ich da obklagen,
schön ist auch Winterszeit,
wenn Bäume Kleider tragen
zum Tanz im Schnee bereit.

III. Liebesgedichte

Das bleibt in mir

Dass du von mir gegangen,

der du mir bleiben musst

als Schmerz in tiefster Brust,

dass du gar nichts empfangen,

was bleibt und liebt in dir,

das wacht in nächtebangem,

in großem Herzverlangen,

das lebt und brennt in mir.

Elegie

Noch einmal ein Beisammensein
inmitten fremder kalter Gäste
beim tanzbeschwingten Freudenfest. -
Wir beide dachten an die Zeit,
da wir zufrieden war'n zu zweit -
und unsre Blicke trafen sich,
um einen zagen Widerschein,
um einen Glanz aus jenen Tagen
im Auge des andern zu erfragen,
um einmal still zu sein.

Und ich sah deine Augen heiß
und hilflos, sah, wie sie sich schenkten
-
und deine Wimpern senkten
sich schattengleich und leis.

Und ich sah deine stillen Lippen,

die damals doch so fröhlich lachten,

als wir beglückt beisammen waren,

ich sah ihr Rot verblassen,

ich sah, sie zitterten und bebten. -

So sah ich dich und weiß gar nicht,

wie meine Augen, meine Lippen

dir, deinem lieben Angesicht

entgegenträumend, sich belebten.

Eine kleine Zeit

Müde, sehr müde vom Tag,

von der Arbeit, vom Ungemach,

sinnet der Mann und sinnet das Weib

etwas dem Tage noch nach.

Sinnen entgegen dem Schlaf,

vor dem Schlaf der kleinen Zeit,

dass sie ihnen noch bleib

füreinander, die Stunde zu zweit.

Einer trage des anderen Last

Ihr zwei nun eines seid
vor Gottes Angesicht.
In Freude wie in Leid,
wie´s euer Ja verspricht.

Ein jeder nimmt nun an
des andern Lust und Last,
wie´s nur die Liebe kann,
die eure Welt umfasst.

Ein jeder nimmt hinein
ins eigne Lebensblut
des andern ganzes Sein
mit gut und bösem Mut.

Nicht Maß die Liebe kennt,

liebt ganz und nicht den Teil.

Ach Gott, was Menschen trennt

mach du in Liebe heil!

Von deiner Hand geschrieben

Mit stillen Augen schau
ich deinen lieben Namen,
von deiner Hand geschrieben,
so innig schlicht und klar.
Da wird offenbar,
wie herzlich wir uns lieben -
und wie in einem Rahmen,
so seh ich dich und träum und schau.

Und nun kommst du

„Da denkt man gar nichts Böses
und dann, dann kommen Sie."
So ist's als Pfarrer mir ergangen,
dir auch schon irgendwie.

Da denkt man auch mal Dunkles
und dann, ja dann kommst du
mit einem kleinen Lächeln
und hell ist es im Nu.

Das ist ein gut Geschehen
und gar so selten nicht,
dass selbst in dunklen Stunden
mir hilft schon dein Gesicht.

An...

Meine Augen mögen dich,
lieben dein Gesicht.
Alles, was ich hab und bin,
ist auf dich gericht'.

Meine Hände fassen dich,
zieh'n zu mir dich hin.
Alles, was ich hab und bin,
Hat nur dich im Sinn.

Meine Seele sucht nur dich,
will verschmolzen sein.
Alles, was ich hab und bin,
ist gleich dein und mein.

IV. Heitere Gedichte

Süße Anna

Die spröde Erna isst nur Kieler Sprotten,

drum ist sie wie ein Fisch so kalt und kühl.

Und hat die Sonne sie auch noch so braun gesotten,

sie hat kein Herz für mich und gar kein warm Gefühl.

Stets Zwiebeln isst so gern die freche
Emma,
da kommt die Liebe gar nicht erst zum
Zug.
Das ist nicht schön und ist ein groß'
Dilemma,
bin ich in ihrer Nähe, hab ich schon
genug.

Die dicke Anna isst viel Schokolade,
das ist so süß und ich krieg etwas ab.
Drum lieb ich meine Anna ja gerade,
denn es ist wirklich süß, was ich im
Arme hab'.

Der Turnschüler

Nur wer den Barren kennt,

weiß, was ich leide.

Jäh von der Erd getrennt

und zwischen Balken geklemmt

zu aller Augenweide,

schau ich zum Firmament,

so weiß wie Kreide.

Es schwindelt mir, es brennt

mein Eingeweide.

Ja, wer den Barren kennt,

weiß, was ich meide.

(Nach Goethe „Nur, wer die Sehn-

sucht kennt ...")

Der junge Mann und seine Eifersucht

Ein Jüngling lachte einst
wohl über Eifersucht,
die das Vertrauen stiehlt,
die schönste Liebesfrucht.

Er fühlte sich zu klug
zum Eifersüchtigsein.
Er lud sein Liebchen gar
mit samt Verehrer ein.

Er lud noch andere mehr,
dass es vergnüglich sei
bei Tanzen, Spiel und Scherz
und auch bei Liebelei.

Auf andre nur bedacht
spielt selber er den Wirt
und muss gar freundlich tun
bei seiner Liebsten Flirt.

Er sieht ein glücklich Paar
umschlungen sitzen sie.
Sie schau'n sich liebend an,
ihm ist, er weiß nicht wie!

Sie scherzen, necken sich
und trinken gold'nen Wein.
Das Mädchen lieblich füllt
ihn zart dem andern ein.

Sie stoßen auf ihr Glück
die hellen Gläser an.
Das helle Klingen hat
dem Jüngling weh getan.

Sie halten sich im Arm,

der andre küsst sie zart

wohl auf den roten Mund,

dass sie noch schöner ward.

Da wendet bebend sich

der Jüngling heftig ab,

stürmt in die Nacht hinaus

und wünscht sich gar das Grab.

Nicht lang währt dieser Wunsch,

doch bleibt die Eifersucht.

Er hat sie manches Mal

vergebens noch verflucht.

Die Nase im Wind

Der frische Regen regt mich an,
frische Luft zu schnappen.
Den Regenschirm schnell aufgetan,
bin kein Jammerlappen.

Ich bin kein weiches Ei!
Mag es schneien oder stürmen,
das ist mir doch einerlei,
ob sich Wolken finster türmen.

Hinein in feste Wetterkluft,
gutes Schuhwerk obendrein.
Frisch ist nur die frische Luft,
Mag es hageln oder schnei'n.

Die Nase rötet sich und – huch,

sie tröpfelt in den Wind.

Da muss herbei ein Taschentuch,

das ich nirgends find'.

Die Nase in den Wind sich hebt,

schniefend tropfenweis'.

Was tröpfelt, ja, das lebt,

in mir, mit mir, ich weiß.

Meine liebe Waage

Oh, Waage, sei mir heute gnädig,
ich bin doch schon zwei Pfunde ledig.
So groß ist leider mein Gewicht,
noch mehr erleichtern, das geht nicht.

Ganz furchtsam und wie stets ganz
zage,
so nah ich dir, du meine Waage,
und stelle leicht den Fuß darauf,
nun, Nadel, ende schnell den Lauf!

Sie zittert weiter, bleib doch steh'n!
Ach könnte ich sie rückwärts dreh'n.
Ich seufze tief und voller Qual,
nun ich versuch es noch einmal.

Vielleicht war's doch nur Fehlanzeige,
zu dieser Ansicht ich nun neige.
Weil nicht sein kann, was nicht sein
darf,
Ich war doch gestern dünn und brav.

Ich setz mit bänglichem Gemüte
die Füße drauf, du meine Güte!
Ein Kilo gab's noch mehr darauf.
Ach, ich bin müde, gebe auf.

Man sieht gar viele mühsam joggen,
mit Schweiß und qualmend heißen
Socken.
Sie sind ja meistens jung und schlank,
der Ausdauer sei Lob und Dank.

Beim Walking seh' ich viel die Dicken,

das nützt nichts mehr, man muss sich

schicken.

Verlierst du auch mal ein, zwei Pfund,

du bleibst doch fröhlich kugelrund.

Es gilt den Anfängen zu wehren,

das war schon immer mein Begehren.

Oh Waage, dich lieb' ich so sehr,

Obgleich es ohne dich viel leichter

wär'.

Arme, dumme Fliege

„Welch' menschliche Intrige",
denkt meine kleine Fliege.
Sie klebt an Fensterscheiben,
will dort partout nicht bleiben.
Und kann es nicht versteh'n:
Sie kann doch alles seh'n,
was draußen sich befindet.
Doch bleibt's ihr unbegründet,
dass sie nicht hingelangen kann.
Das Glas, es hindert sie daran.
Sie krabbelt hin und her,
wird aufgeregter mehr und mehr.
Sie tut mir ganz entsetzlich leid,
ich öffne ihr das Fenster weit.
Die Luft, sie weht ihr ins Gesicht,
doch sie bemerkt die Freiheit nicht.

Ich geb' mir doch so große Müh',

mit beiden Händen scheuch' ich sie.

Zum Fenster muss sie aus dem Haus!

Sie fliegt ins Zimmer, statt hinaus.

Da reißt mir endlich die Geduld

- ich stehe klar zu meiner Schuld -

und greife meine Fliegenklatsche

und patsch!

Die Fliege, sie ist matsche!

Ohne Brille

Was bin ich ohne Brille?
Ich vergaß sie irgendwo,
die Brille samt der Hülle
vergaß ich – einfach so.

Ich grübelte ihr nach
und dachte hin und her.
In meinem Ungemach
vermisste ich sie sehr.

Was bin ich ohne Brille?
Kann ohne sie nicht sein!
Des Daseins ganze Fülle
engt sich zum Augenwinkel ein.

Wo hab' ich sie nur liegen lassen?
Auf einmal wird es sonnenklar:
ja, zwischen Kuchen, Kaffeetassen,
als ich zu Gast bei Freunden war.

Da liegt sie wohl, die Brille.
Doch nein! Nicht lange sie da lag.
Die Post bracht' sie mit ihrer Hülle
schon früh am nächsten Tag.

Ich setzte sie auf meine Nase
und spüre nur den einen Drang
nach dieser brillenlosen Phase:
Ihr Freunde, habt ganz großen Dank!

Der Skilangläufer

Langlauf, das heißt länger fit sein,
das geht in manchen Schädel ein.
Wenn da noch ist die Frau, die treibt,
dem Manne gar nichts übrig bleibt
als auf zwei Brettern zu gleiten,
auch wenn sie nicht die Welt bedeu-
ten.
Ich muss bekennen zu meinen
Schanden:
Ich habe kaum je auf Brettern gestan-
den.
Aufgewachsen in der Großstadt Essen
konntest du das Skifahren gleich ver-
gessen.
Dann ging's mit 10 ins schöne Glatzer
Land,

als Bergland vielen wohlbekannt.

Da konnte jedes Kind Ski fahren,

da schämt` ich mich in meinen Jahren.

Außerdem war damals Krieg und

Sterben,

da konnt' man keinen guten Ski er-

werben.

Und die Schuhe erst einmal! Keine Er-

findung:

Nicht zwei Minuten hielt die Bindung.

Ja, das machte keinen Spaß

und ich sagte mir: das lass!

Und steh lieber auf zwei Beinen

als ein großer Sportler zu erscheinen.

Und stapfst du noch so tief im Schnee,

du kommst auch so zum Ziel - wenn's

in der Näh.

Inzwischen ist viel Zeit vergangen,

die Glatze hat schon lange angefan-

gen

und glänzt in der Sonne hell und rein,
vielleicht ist's gar ein Heiligenschein.
Der Backenbart ist überdies
ein bisschen grau, ein bisschen gries.
Da soll man noch einmal neu begin-
nen!
Oh holdes Weib, du bist von Sinnen!
Doch das seh ich selber ein:
Man muss doch fit und sportlich sein!
Und durch verschneite Tannen gleiten,
das kann erfreuen zu Winterzeiten.
Außerdem, sei nur nicht bang,
der Winter ist ja hier nicht lang
in diesen Mittelbreiten.
So sei's mit frischem Mut gewagt,
so hab ich eines Winters mir gesagt.
Und mir schnell Ski angeschafft,
dabei war mir als Laien völlig neu,
dass Langlaufski ganz anders sind,
ganz schmal

als die, womit man saust ins Tal.

Das erste Mal ging's los mit zwei Gefährten,

die waren auf Langlauf schon Experten.

Die eine war gar meine Frau,

oh je, die kann's ja schon, nun sieh

und schau!

Während ich noch zaghaft auf den

Brettern stand,

noch wackelig, doch schon geht es ab.

Ich bring doch meine Frau wohl noch

auf Trab!

Doch sie ist immer mir voraus, 10 Meter ungefähr,

ich sehe nur die beiden Backen,

rhythmisch wackeln hin und her!

Doch das sind nur ganz flüchtige Gedanken.

Wenn's glatt ist, fang ich an zu
schwanken
und stürz auch schon hin, o weh,
und liege da auf Eis und Schnee.
Die Bretter in der Luft, die klagen an:
Was macht man nur mit mir, o Mann,
o Mann!
Der Sturz ging schnell, viel schwerer
fällt,
bis ich mich mühsam aufgestellt.
Was soll's, ich muss doch mit den an-
dern mit
und ist es noch so eine Qual und noch
so'n Shit!
Doch was ist das! Mitten in der Loipe
steht
ein Buckel, der nicht seitwärts geht.
Ich geh ihn an mit viel Courage
und fall schon wieder auf die Nase,
aber ganz schön mit voller Wucht.

Ich habe meine Knochen zusammen-
gesucht
und raff mich auf und hinterher,
sonst denkt die Frau, wer weiß ich
wär...
Die Bretter in der Luft, die klagen an:
Was macht man nur mit mir, o Mann,
o Mann!
Und dann geht's ab, Hügel hinauf
mit letzter Kraft, ich keuch und
schnauf.
Und oben seh ich, es ist ein Berg, kein
Hügel mehr,
ach, wenn ich doch schon unten wär!
Das wird ja eine Fahrt mit Schuss!
Vielleicht ist dann für immer Schluss!
Nun wird es schnell, ich seh vor Trä-
nen kaum,
doch was ist das, doch nicht ein
Baum?

Im letzten Augenblick, da schmeiß ich
mich,

ein Ski fährt weiter ohne mich.

Die Beine in der Luft, die klagen an:

Was macht man nur mit mir, o Mann,

o Mann!

Ich sammle wieder meine Knochen,

ein Wunder, dass noch nichts gebro-
chen!

Dann geht es weiter, den beiden hin-
terher,

doch plötzlich gibt's Gegenverkehr,

ausgerechnet auf meiner Spur,

es gibt ja halt die eine nur,

braust mir entgegen eine dicke Tonne,

in sie hinein, welch wahre Wonne!

Da liegen wir ganz weich zu zweit,

mit dem Aufstehen lassen wir uns Zeit.

Und sehn uns beide traulich an,

was macht man nur mit mir, o Mann, o
Mann!

So könnt ich vieles noch berichten
Von meinen Lang- und Laufgeschich-
ten.

Da gibt es so viel Freud und Weh
mit meinen Skiern in dem Schnee.

Der Spaß, er zählt am meisten doch!
Der Langläufer, er lebe lang und hoch!

V. Geistliche Gedichte

Nichts als Dank

Was Gott mir Großes getan,
wird alles zu meinem Lied.
Mit Danken schau ich es an,
was mir in Liebe geschieht.

Was Gott mir Gutes getan,
begleitet den Weg und Gang.
Was ich niemals vergessen kann,
wird Rühmen und Lobgesang.

Was Gott zum Heil mir getan,
führt mich zum Ziele und Licht.
Mein Leben nach göttlichem Plan
wird Lied und Lob und Gedicht.

Zum neuen Jahr

Gesundheit, das höchste Gut,
so meinen die meisten Menschen
und wünschen Gesundheit als erstes
zum neuen Jahr, zu Geburtstagen,
zu neuen Lebensabschnitten.
Gibt es etwas Besseres zu wünschen,
geliebten Menschen, guten Freunden?

Gesundheit, ein hohes Gut,
gar nicht zu bezweifeln.
Wie sehnen sich kranke Menschen
danach,
wie hoffen von Schmerzen Geplagte
auf bessere Tage,
sehnen sich nach dieser Kostbarkeit
Gesundheit.

Gesundheit, das höchste Gut?

Christus spricht: „Wenn dein Auge
dich ärgert,

reiß es aus.

Wenn deine Hand dich ärgert, hau sie
ab."

Besser blind, aber auf dem Wege.

Besser ein Krüppel, doch nahe seiner
Hand

als auf irrigem Wege fern von ihm.

Gesundheit, das höchste Gut?

Ich wünsche dir mehr!

Glaube, Hoffnung, Liebe, diese drei,

doch Gesundheit, sie ist nicht dabei.

Vielen gilt sie als das höchste Gut,

weil man nicht in Glaube, Hoffnung,

Liebe ruht.

Psalm 18, 30

Mit meinem Gott

kann ich über die Mauer springen

Mit meinem Gott

da kann ich überspringen

die hohe Mauer und den Zaun,

die Menschen gegen Menschen baun,

kann über Gräben dringen.

Mit meinem Gott

da kann ich nahe stehen

bei dem, der keinen Menschen hat,

bei dem, der keinen Abend satt,

kann nicht vorübergehen.

Mit meinem Gott

da kann ich überwinden

die Mauer, die uns Menschen trennt,

dass jeder nur sich selber kennt,

kann hin zum Bruder finden.

Mit meinem Gott

da wachsen Kräfte wieder,

dass nichts den Weg der Liebe

hemmt,

nichts Fremdes bleibet ewig fremd,

und Menschen finden Brüder.

Konfirmandenlied   Joh. 6, 66-69

Herr, du fragst ins Herz hinein,

viele lassen dich allein,

viele wandeln nicht mit dir.

Wohin, wohin gehen wir?

Herr, du siehst uns fragend an,

gehen wir mit dir voran,

gehen wir hinweg von dir?

Wohin, wohin gehen wir?

Herr, du siehst den vielen nach

die nicht folgen Kreuz und Schmach,

nur das Leben suchen hier.

Wohin, wohin gehen wir?

Herr, bleib du uns zugewandt,
brennend haben wir's erkannt
durch des Vaters guten Geist,
dass du Sohn und Christus heißt.

Wohin, wohin gehen wir?
Keinen, keinen Schritt von dir!
Von dir nehmen wir es hin
Wort des Lebens, Weg und Sinn.

Einstmals und heute

Du gabst den Vätern gutes Land
und freien Raum zum freien Leben.
Gib unsern Füßen festen Stand,
wenn fremde Stürme groß anheben.

Du gabst den Traurigen dein Wort,
dass sie zur Freude wiederfanden.
Sprich zu uns, Herr, nur fort und fort,
o hört sein Wort in seinen Landen!

Du gabst den Lahmen, frei zu gehen
auf einem Weg, den du gewiesen.
Dass unser Leben auferstehn
zum Wandel, darin du gepriesen.

In deinem Licht die Gotteswelt

gabst du Erblindeten zu sehen.

Von dir sei unser Weg erhellt,

wenn wir in dunklen Tälern gehen.

Sauerlandklinik Hachen

Und ich gehe fort
und ihr bleibet zurück
an dieser Stätte der Krankheit
und der unaufhörlichen Schmerzen.
Und ich gehe hinweg,
nur ein kurzer Besucher.

Und ich gehe weiter
in schrecklicher Gesundheit
und wage nicht zurückzusehen,
weil das Leiden dahinten ist
und ich es so wenig wert bin,
ihm zu entfliehen.

So sind die anderen auch,

die flüchtenden Gäste des Leidens.

Befreit atmen sie auf

und recken sich und schütteln ab,

was sie erdrücken könnte

wie hilflos an die Wand Gepresste.

Nun dehnen sie sich und gehen da-

von.

So gehen wir alle dahin, woher wir ge-

kommen

und fühlen die eigenen Glieder und

Kräfte.

Dort bleiben zurück

versagende Arme und Füße und Lun-

gen

und keine Hoffnung siehet den Weg.

Nur da wachsen erloschene Kräfte,

wo Augen den Einen erschauen,

der bleibt als der Kommende

und geht niemals hinweg.

Jesaja 43, 1: Fürchte dich nicht,
denn ich habe dich erlöst;
ich habe dich bei deinem Namen gerufen;
du bist mein!

Tauflied

Gottes Kind, das ist dein Name,
sein eigen darfst du sein.
In Gottes Reich hinein
bist du getauft und hast den Namen.

"Fürcht´ dich nicht!" spricht Gott zum Troste
Längst hab´ ich dich gekannt,
beim Namen heut genannt,
ich habe dich zu mir erlöset.

Unser Heil steht fest gegründet.

Der Grund, den Gott gelegt,

den Namen Christi trägt,

wie deine Taufe allzeit kündet.

"Du bist mein", mit seinem Leben

hat er dich selbst erkauft,

in seinen Tod getauft,

dass du in ihm hast alles Leben.

Petrus und Judas

Verzehrende Flamme
opfernder Liebe
Gottes in Christus!
Streitbare Flamme
im Kampfe um Menschen,
die zweifeln, verzweifeln
und hoffen und glauben,
zunichte gehen mit den Eignen.
Ein Ringen um dich, Petrus
und auch um dich, o Judas.
Besiegt lässt Petrus sich gürten,
geschmolzen zum Werkzeug.
Verzehrt in sich selber
sieht jener sein Tun
und geht in die Nacht.
O Erbarmen.

Des Pfarrers Lied

Viele Tote habe ich gesehen,
mit gar vielen Toten musst ich gehen
letzte Wege.

Viele, die im Alter ausgerungen,
mancher, der gezählt noch zu den
Jungen,
viele Tote.
Schritt mit vielen Fremden, Unver-
wandten
zu dem letzten Land, dem Unbekann-
ten,
leise Schritte.

Dann galt's einem, der mir selbst ge-
hörte,
meinen Schritt mit bitterm Leid be-
schwerte,
schwere Schritte,

Tod, dich hab ich oft gesehen.
Einmal wirst du mit mir selber gehen,
Diener Gottes.

Dein Wille geschehe

Mach, wie dir's gefällt!

Herr, nicht leicht ist es gesprochen.

Mancher ist daran zerbrochen,

wie am Felsengrat zerschellt.

Mach, wie dir's gefällt.

Was du willst, gescheh!

Blut und Schweiß und tiefes Beugen

und dein großes dunkles Schweigen,

Sohneslieb und Sohnesweh.

Was du willst, gescheh!

Gefüllte Hände

Ja, der du kehrest ein
bei denen, die nichts sind,
die arm und krank und blind
und Bettler müssen sein.

O, der du bleibest stehn,
wo leere Hände schrein,
so abgrundtief allein
nur noch zum Himmel flehn.

Herr Christ! Da kehrst du ein,
du gibst dich ihnen hin
und schenkst den Händen Sinn,
von Gott gefüllt zu sein.

Abendmahlslied

Zum Tisch des Herrn

kommt froh gestimmt!

Viel Grund gibt´s, sich zu freuen!

Aus Gottes Gnad

der Jünger nimmt

und lebt aus Gottes Treue.

Was arg getan,

es zählt nicht mehr,

weil Gott so hart gesprochen.

Was jetzt nur gilt,

das ist sein Leben Bild,

sein Leib, für uns gebrochen.

Die Sünd ist groß,

der Sünder los,

wir leben als die Freien.

Die Sünd wog schwer,

sie gilt nichts mehr,

Wir leben vom Verzeihen.

Kein Entfliehen

Ich begehr zu tausend Malen,
was, Herr, dir gar nichts gilt,
greif nach vollen Schalen,
die du mir nicht gefüllt.

Schleich in dunklen Gassen
an dir, mein Schutz, vorbei,
hab' dich längst verlassen,
beim ersten Hahnenschrei.

Höre deine Worte
und bleib im Herzen stumm,
kehr von deiner Pforte
zur breiten Straße um.

Könnt' ich ganz entfliehen,

du hast mich schon gebrannt,

deine Male glühen

von deiner wunden Hand.

Meine Zeit in deinem Lichte

Meine Zeit und alle Zeit,
alle Not und alles Leid
steh'n in deinem Lichte.
Was als Dunkel vor uns liegt,
wird in deinem Licht besiegt,
wird als Nacht zunichte.

Meine Zeit und alle Zeit,
alles Licht und Dunkelheit,
alles Freu'n und Bangen
führen mich zu dir nur hin,
dessen eigen Kind ich bin.
Lass mich heimgelangen.

Meine Zeit und alle Zeit,

all mein Tun sei dir geweiht,

Herr du aller Zeiten!

Sei bei uns und führ' voran,

nimm dich unser ewig an,

Gott der Ewigkeiten.

Ein neues Lied

Ein neues Lob, ein neues Lied,
oh, Freude will ich singen,
dem Herrn, der von dem Himmel sieht,
er will ja alles, was geschieht,
zu meinem Besten bringen.

Ich schau empor, er hat's gesagt,
was soll ich bang noch fragen?
Sei's auf sein Wort und Schwur ge-
wagt,
das neue Lied und nicht geklagt,
wo seine Kreuze ragen.

Ein neues Lob, ein neues Lied!

Das Alte mag verhallen.

Was einstmals richtig gut geriet,

es wandelt sich zum neuen Lied

und möge Gott gefallen.

Tischgebete

Lass uns Speis und Kraft empfangen
in Dankbarkeit.
Lass uns zu deinem Tisch gelangen
nach dieser Zeit. Amen.

All unser Danken und Denken
lass uns zu dir hin lenken,
dass wir deine Liebe versteh'n,
hinter den Gaben dich, den Geber
seh'n. Amen.

Arm warst du um unsertwillen,
ganz dem armen Menschen gleich.
Wenn wir unsern Hunger stillen,
mach uns in deiner Liebe reich.
Amen.

VI. Kirchenjahr

Das Kirchenjahr

Gewaltig ist der Rhythmus,

in dem die Christen leben,

der Rhythmus des Jahres der Kirche.

Frühes Erglimmen des Lichtes im Advent,

verheißungsvolles Leuchten der Wärme von Weihnachten,

durch die Sonnenfinsternis des Karfreitags

bis zum Sonnenmorgen von Ostern.

Erleuchtung von Pfingsten über allem,

und ewig leuchtet das Licht zum Leben.

Gewaltig ist der Rhythmus des Jahres
der Kirche.

Übermächtig über den Einzelnen,

größer als sein eigenes Denken,

größer als sein eigen Herz

ist der Weg der Kirche Christi

und nimmt den Kleinen mit

und reißt ihn hinein

in das Heilige des Weges Gottes.

Dein Licht kommt

"Mach dich auf, werde licht; denn dein
Licht kommt,
und die Herrlichkeit des Herrn geht auf
über dir."
(Jes. 60, 1)

Mach dich auf und werde licht,
weil nun Gottes Tag anbricht.
Mach dich auf und werde weit,
alles Land liegt Gott bereit.

Mach dich auf und werde licht,
alles Dunkel währet nicht,
schon dem Lichte unterliegt.
Christus kommt und Christus siegt.

Mach dich auf und werde licht,
Finsternis steht im Gericht,
all ihr Recht und Macht verliert,
weil die Erde Gottes wird.

Mach dich auf und werde licht,
heb empor Herz und Gesicht,
heb den Leuchter in die Nacht.
Christus kommt, er kommt mit Macht.

Hirtennacht

Alle Zeiten weisen
auf das Wunder hin.
Lob und Ehr und Preisen
füllen Herz und Sinn.

Nacht war es wie eben
alle Nächte sind,
voller Graun und Leben,
Augen schwarz und blind.

Keiner von uns allen
ahnte diese Nacht,
bis der Glanz gefallen
herrlich und voll Macht.

Keiner konnte hoffen,
dass die Zeit erfüllt,
bis uns Gott getroffen,
Licht uns eingehüllt.

Keiner von uns allen
kann es ganz verstehn:
Gottes Wohlgefallen
haben wir gesehn.

Stall und Krippe, Zeichen
arm, wie wir auch sind.
Wunder ohnegleichen,
denn wir sahn das Kind.

Christnacht

O Gott, kann's sein,
dass ich Dich find
als Mensch so klein,
herzliebstes Kind!

Die Nacht war kalt,
im Stall ist's warm
und doch so arm
und ungestalt.

Dein Stern schien schön,
mir zum Geleit.
Ich komm von weit,
Dich anzusehn.

Auf war die Tür,

ein Licht entzündt.

Da dank ich für,

herzliebstes Kind

Weihnachtslied

Von der Liebe zu dem Kinde
lasst uns sprechen, lasst uns singen,
weil in ihm wir alles finden,
was uns hilft vor andern Dingen.

Von der Liebe zu dem Sohne,
in dem Gott für uns zu finden,
lasst im frischen Freudentone
aller Menschenwelt uns künden.

Auf den Weg des Friedens richte,
Herr, erleucht uns wie die Weisen,
von der Liebe zu dem Lichte
lasst uns singen, lasst uns preisen.

Jesus vor Herodes

Bist du der Herr, so ohne Wort,
mit deiner schweigenden Gebärde.
Des Himmels König und der Erde?

Bist du der König? Sag es laut
und zeig mir deine Königskrone,
dass dich mein Richterspruch ver-
schone!

Du sprichst kein Wort, du schaust
mich an,
du seltsam Fremder, schwer im
Schweigen!
Ich seh, du willst dich mir nicht zeigen.

Nun siehe selbst und hör! Ich hab

für dich nur Spott und lautes Lachen! -

Doch weh der Stimmen, die erwachen!

Passionslied

Wir folgen deinem Pfade,

lass schau'n uns deine Gnade,

am Kreuz errungen heiß.

Erkauft sind wir gar teuer,

dass wir dir folgen treuer,

dein Sterben war der hohe Preis.

Die Schmerzen und die Qualen

will uns vor Augen malen

dein Wort, das dich bezeugt.

Dein Bild und deine Leiden,

die wollen uns begleiten,

dass unser Herz vor dir sich beugt.

Wir sehen dich: Zum Segnen

willst du der Welt begegnen,

weit deine Hände sind.

O Liebe ohnegleichen,

du Herr im Kreuzeszeichen.

Ein jeder sei, wie er gesinnt.

Auferstehung, Gottes Tat

Auferstehung, Gottes Tat
wider aller Menschen Rat,
wider aller Mächte Hassen.
Gott kann seinen Sohn nicht lassen
nicht dem Tod und nicht dem Grab,
Dank sei Gott für seine Tat!

Auferstehung, Gottes Sohn!
Wider aller Feinde Hohn
hast du Kreuz und Tod getragen,
dass wir all der Sünd absagen.
Sieh! Dir folgen viele schon,
Dank sei dir, o Gottes Sohn!

Auferstehung, Gottes Geist
aus dem Tod ins Leben reißt.
Tod, dein Lied ist ausgesungen,
Sieg hat Christus uns errungen.
Neues Leben er verheißt,
Dank sei Gott im neuen Geist!

Osterlied

"Es muss ja alles gut werden,
weil Christus auferstanden ist."

Sören Kierkegaard

Weil Christus auferstanden ist,
wird alles, alles gut.
Weil Christus auferstanden ist,
leb ich mit neuem Mut.

Weil Christus auferstanden ist,
fass ich mein Leben an.
Weil Christus auferstanden ist,
ist nichts umsonst getan.

Weil Christus auferstanden ist,
wird licht die Finsternis.
Weil Christus auferstanden ist,
bin ich des Wegs gewiss.

Weil Christus auferstanden ist,
der Tod sein Recht verliert.
Weil Christus auferstanden ist,
sein Lebenswort regiert.

Weil Christus auferstanden ist,
leb ich mit großem Mut.
Weil Christus auferstanden ist,
wird alles, alles gut.

Leben

Leben ewig ohne Tod,
dunkler Grabesnacht entrissen,
als der Vater streng gebot
allen Todesfinsternissen.

Leben, Ostern, Auferstehn
gibt den Christus Gottes frei,
lässt uns glauben und verstehn,
dass er unser Leben sei.

Leben, Jesus, ja, er lebt,
letzten Feind, den Tod, verbannte.
Ehre, alle Ehre gebt
ihm, der nur Gehorsam kannte!

Leben, Leben, Ewigkeit
schenke unserm kurzen Lauf.
Christus, ganz vom Tod befreit,
schließ uns Gottes Leben auf!

Das Alte ist vergangen

(2. Kor. 5, 17)
Das Alte ist vergangen,
das Alte sinkt dahin,
denn Gott hat angefangen
den großen Neubeginn.

Der Tod ist überwunden,
der Tod im Totenland,
das Leben ist gefunden,
weil Christus auferstand.

Von Ostern will ich sagen
mit Herzen und Verstand,
weil dunkel Nächte tragen,
weil neues Herz erstand.

Himmelfahrt Christi

Was schauen wir empor
und können's gar nicht fassen!
Entschwunden Aug und Ohr,
als ob für ewig sich verlor,
den wir nicht können lassen.

Was schauen wir gebannt,
so plötzlich ganz verlassen
und leer und ausgebrannt
wie ganz zerstörtes Land,
und können ihn nicht lassen.

Was sollen wir noch tun

zum Lieben und zum Hassen?

Ach, unsre Hände ruhn

und wissen gar nichts nun

und können ihn nicht lassen.

Was schreckt uns aus dem Bann!

Die Stimme packt uns an -

dass wir sie ja recht fassen! -

die Stunde kommt, der Tag anbricht,

da sehen wir sein Angesicht

und keiner darf ihn lassen.

Pfingstlied

"Die der Geist Gottes treibt,
die sind Gottes Kinder." (Röm. 8, 14)

Von dir getrieben, Sturmeswind,
dass es uns vorwärts reißt,
wir wahrhaftig deine Kinder sind,
du Herr und Gottesgeist.

Von dir durchfahren und gefasst,
bleibt uns nichts Eignes mehr.
Uns bleiben weder Traum noch Rast,
dein Wort ist scharf und schwer.

Von dir ergriffen und bewegt

zum Tun, das selbst sich lässt,

dein Geist uns treibt und weiterträgt

und bindet uns zur Kindschaft fest.

Zum Erntedankfest

Weit schau ich in die Welt,
denn alle Welt ist dein,
o Herr, dein Erntefeld.
Schon glänzt der Ähren Schein.

Noch wächst die junge Frucht
und wächst zur Sonn hinan,
die deinen Himmel sucht,
neigt sich zur Erde dann.

Und harrt in reifer Last:
nun sende Knechte aus!
Bring mich zur großen Rast,
O Herr, Herr in dein Haus!

(2. Kor. 5, 1-7)

Unterwegs

Solange wir im Werden sind,
ist alles irdisches Gewand.
Solange wir auf Erden sind,
ist nirgends Vaterland.

Solange wir im Glauben stehn,
steht die Erfüllung aus.
Solange wir den Herrn nicht sehn,
ist hier kein Vaterhaus.

Solange uns die Hütte leiht
zum schmalen Raum nur kurze Rast,
solang das Haus abbruchbereit,
sind wir hier nur zu Gast.

Solange wir im Pilgerlos
und voller Sehnsucht und Beschwer,
so sehn wir doch ein Leuchten groß
vom Vaterhause her!

Solange wir auf Weg und Pfad,
begleitet uns dein Wort und Bild,
und sind schon nah der Heimatstatt,
da Gott das Heimweh stillt.

VII. Abendgedichte

Da's Nacht wird

Da's Nacht wird, so geh
noch einmal ins Land
und trägt es dir Weh
wie Tag nicht gekannt.

Da's Nacht wird, verstumm
und hülle dich ein,
weil alles ringsum
dein Herzton will sein.

Da's Nacht wird, so schau
und denk himmelan!
Dem Einen vertrau,
nach Hause geh dann.

Nachtgeschenk

Still schaut die Nacht
zum Fenster
ganz zag herein.
Da hab ich sacht
es aufgemacht,
um still zu sein.

Und leise weht
zur Kammer
die Nacht herein.
Ganz leise geht
wie ein Gebet
der Friede ein.

Nachtgebet

Durch Wolkenland
am Himmel geht
ein leiser Stern
zu Gott, dem Herrn.
Zu Gott, dem Herrn
im Dunkeln geht
mein Nachtgebet,
zu Gott, dem Herrn.

Ruhelose Nacht

Ruhelos seit langem ist die Nacht
im weiten Land geworden,
seit die Stille umgebracht
betäubend lautes Morden.

Durch die Straßen zuckend grelles
Licht,
die Bäume weichen jähe.
Tief birgt die Nacht ihr Angesicht
und Sterne weinen wehe.

Da! Ein heulend Rasen bricht ins Land
und lärmt und kreischt und dröhnt
und schleudert seinen Fackelbrand
und alles ringsum stöhnt.

Nächtliches Land

Mysterium,
Tiefe der Nacht.
Sterne, unendlich
viele, entfacht.

Gedanken tief
schauen gebannt
dich, unergründlich
nächtliches Land.

Groß ist der Traum

Zu End geht alle Mühe,
im Abendgold zur Ruh.
Ganz leise nun ausziehe
die schweren Arbeitsschuh.

Die Nacht fällt auf die Wiesen
bei erstem Sternenschein.
Die Bäume scheinen Riesen
und groß mein Traum zu sein.

Führe uns ins Licht

Wie gehorsam sich die Winde legen,
Sterne dringen in die Nacht
auf uralten Wanderwegen,
die kein Mensch gedacht.

Straßen wandern Menschenschritte,
Wege ohne Grenzen und Gesicht.
Schöpfer unser und der Sterne,
bitte führe uns ins Licht!

Dank allein

Du bist bei uns, Herr, noch spät,
wenn der Tag zum Abend geht,
Stunden fallen schwarz und schwer
in die Nacht, ins dunkle Meer.

Dunkel ist uns aller Pfad,
dunkel unsres Herzens Rat.
Licht, wir suchen deinen Schein,
wissen, Herr, nicht aus noch ein.

Dünkst uns oft gar unbekannt,
dunkel scheint uns dein Gewand.
Doch wir fragen schon nach dir,
bis wir stehen vor der Tür.

Auf! Und brich, du Leuchten, an,

dass wir sehn was Jünger sahn.

Herr, wir sind vor deinem Schein

nichts als Dank und Dank allein.

Abendlied

Am Abend geht der Tag zu Ende
und wird so still und tief.
Zu ihm ich mich hin wende,
der mich zum Leben rief.

Der Tag war voller Hasten
und kannte keine Ruh.
Nun lass mich schweigend rasten,
gib mir die Kraft dazu.

Bei dir such ich den Frieden
und sinn mein Nachtgebet.
Der Tag und Nacht geschieden,
zum Abend mit mir geht.

Hiddensee

Der volle Mond bescheint ein wunder-
volles Land,
mein Hiddensee mit Wäldern, Heide,
Dünen, Sand.
Die Sonne färbt das Wasser eisig
blau,
nur Wellen, Wogen – lang und weit ich
schau.

Den Osten grenzt ein dunkler, breiter
Strich,
die große Insel Rügen weitet sich.
Nach kurzer Zeit schon inniglich ver-
traut,
das Herz schon Liebe fühlt – das Auge
schaut.

Traumverloren

Wie traumverloren
lauscht die Nacht
an des Himmels
Lichtertoren.

Im Traum verloren
tast' ich sacht
nach den Sternen,
lichtgefroren.

Den Traum verloren
knie ich erwacht
auf der Erde,
lichtgeboren.

Dämmerung

So frühe dunkelt's schon,
so ungeahnt und bald
schallt dumpf der Glockenton
und tief im Herzen hallt.

Früh finstert schon die Nacht
den Tag, der lieb mir war,
der mich so stark gemacht
und wie die Sonne klar.

Früh dunkelt's nun im Haus
und auf den Straßen all
erlöscht der Tag gar aus,
verstummt der Stimmen Schall.

Stadt am Abend

Abendleise ruht die Stadt,
alte, greise Frau,
schwer vom Tag und matt
und die Haare grau.

Schleier deckt die Wolkenhand,
hüllend ihr Gesicht,
nur die Augen, sterngebrannt,
spiegeln mild das Licht.

Abendgeleit

Für allen deinen Segen,
Herr Christ, dir Dank gebührt.
Bleib du und sei zugegen,
wenn es nun Abend wird.

Wenn sich das dunkel weitet,
mit Ernst am Himmel steht,
bist du's, der uns geleitet
und uns zur Rechten geht.

Ob wir dich kaum erkennen,
noch schauen in Gestalt,
die Herzen sind's, die brennen
vor kündender Gewalt.

Sieh! Liebe ohnegleichen
aus Gottes Licht und Schein,
die wunde Hände reichen
den Jüngern Brot und Wein.

Abendgedanken

Was haben wir getan
in unsern vielen Tagen?
Der Abend kommt heran
mit großen, ernsten Fragen.

War's um uns selbst zu tun
bei unserm vielen Jagen?
Ach Herr, vergib uns nun
die Schuld und all Versagen.

Und sind wir auch zu kühn,
wenn wir zu bitten wagen:
schau an auch unser Mühn,
das wir für dich getragen.

Und wenn all dies' nichts gilt,

wenn wir tief unterlagen:

schau Eines, Herr, dein Bild,

das wir im Herzen tragen.

Sternenhände

Wie dunkle Augen schaut die Nacht,
und Sterne glitzern wie die Tränen,
die Nacht geweinet hat,
dass in der Quelle Bad,
der Menschen neues Sehnen
Erlösung liebreich fände.

Der Mensch hat sich schon aufge-
macht,
noch taumelnd schwer, von Schuld
gepeinigt,
vor Gottes Ewigkeit
kniet er im Bürgerkleid
und steht schon ganz im Licht gerei-
nigt.
Ihn segnen Sternenhände.

VIII. Kurzgeschichten

Eine kleine Begebenheit

Eine kleine Begebenheit, die mich menschlich berührte, bleibt in meinem Gedächtnis.

Mit unserem PKW waren wir, meine Frau, meine drei Kinder und ich, nach langer zweitägiger Fahrt an einem Nachmittag in Wales (Großbritannien) angekommen. Wir suchten das kleine abgelegene Dorf, in dem unser Familienhäuschen auf uns wartete, das einem Lehrer einer nahe gelegenen Internatsschule gehörte. Mit einiger Mühe fanden wir unser Domizil, das uns für die nächsten Wochen Heimstatt gewähren sollte.

Wir wollten unser Gepäck in den Hausflur schleppen. Die Haustür bestand aus einem Rahmen und Glasscheiben und klappte nach dem Öffnen automatisch wieder zu. Ich kam mit einem großen Koffer und wollte die Tür leicht anstoßen, aber o Schreck! Sie gab nicht nach, wie bei uns üblich, die Scheibe zerbrach und hinterließ einen Scherbenhaufen. Wir waren erst fünf Minuten an Ort und Stelle und nun dieses Scherbengericht! Wir sanken alle wie vom Donner gerührt im Wohnzimmer auf die Stühle. Wir waren alle fertig, am meisten natürlich ich als Urheber dieses Unglücks. Wir waren beinah starr vor Schrecken.

Nach einer sprachlosen unheimlichen Pause wussten wir, was zu tun sei: es möglichst schnell dem Hausherrn beichten. Also setzten wir uns alle wieder in den Wagen und rasten auf der schmalen Straße zwischen hohen Steinmauern zum Internat und fanden bald den uns nur dem Namen nach bekannten Besitzer unseres Ferienhauses.

Atemlos beichtete ich ihm mein Missgeschick mit dem angerichteten Schaden. Unerwartet traf mich seine erste Frage: „Haben Sie sich verletzt?" Kein Vorwurf: „Wie konnte das nur passieren!" Schon gar kein Gezeter, gleich diese besorgte Frage des in mittleren Jahren stehenden deutschsprechenden jüdischen Herrn. Klar, dass alles andere zweitrangig war.

Ohne Hast wurde schon bald von dem Hausherrn selber eine neue

Scheibe eingesetzt. Unser Urlaub
konnte beginnen.

Mein alter Talar

Kaum jemand unter uns wird ein
Kleidungsstück besitzen, das fünfzig
Jahre alt ist und doch noch Verwen-
dung findet. Als ich neulich einen Blick
tat in den Kleiderschrank meiner Toch-
ter, einer frisch gebackenen Pfarrerin,
sah ich meinen ersten Talar wieder,
der nicht nur mir, sondern meinen drei
Kindern geistliches Outfit verliehen hat
und diesen Dienst noch weiter tut.
Meine Tochter hat natürlich auch ei-
nen schönen neuen Talar, aber wenn
sie bei regnerischem Wetter eine Be-
erdigung hat und dabei weite Wege

machen muss, kommt der alte Talar ihres Vaters zu Ehren.

Für einen jungen werdenden Theologen ist ein Talar etwas Besonderes, verleiht ihm besondere Würde. Nicht vergessen werde ich, als mich das erste Mal ein Talar umwandete. Es war bei meinem ersten Gottesdienst als Theologiestudent, gehalten in der Strafanstalt Werl. Der Gefängnisseelsorger war erkrankt und hatte mich gebeten, ihn zu vertreten. Da dieser Geistliche hochgewachsen und ich gerade mittelgroß, war dessen Talar viel zu lang. Ich hatte Mühe, nicht auf die Schleppe zu treten und musste beim Gehen das Bekleidungsstück immer etwas lupfen. Trotz dieser Behinderung war mein erster Auftritt im geistlichen Gewande insofern ein Erfolg, als mir zugetragen wurde, dass vor allem die weiblichen Gefängnisinsassen fragten, wann wieder der kleine Pastor mit dem großen Talar predige.

Mein ältester Sohn hat etwas anderes erfahren. Als Vikar besaß er noch keinen eigenen Talar und hat den alten von seinem Vater angezogen. Da mein Sohn mindestens zehn Zentimeter größer ist als ich, war ihm mein alter Talar viel zu kurz, und er wurde gefragt, was er denn da für ein Röckchen trüge.

Als Vikar bekam ich 200,- DM Gehalt. Ich kam mit diesem knappen Einkommen gut aus und tätigte sogar den Kauf einer Schreibmaschine und eines Fotoapparates. Aber wichtig war vor allem der Kauf meines ersten Talars, der bei der Firma Assmann in Lüdenscheid angefertigt wurde aus sehr gutem Stoff. Ich konnte ihn zusammenrollen und ihn knitterfrei in meiner Talartasche unterbringen.

Man kann ja fragen: „Wozu ein Talar?" Außer Geistlichen tragen Richter ein solches Kleidungsstück bei Ausübung ihres Berufes. Und das hat schon seine Bedeutung. Ein Richter urteilt nicht im eigenen Namen – wie käme er auch dazu –, sondern im Namen des Volkes. Ein Pastor hält den Gottesdienst nicht als Herr X oder Herr Y, sondern im Namen des Vaters, des Sohnes und des Heiligen Geistes. (Das gilt genauso natürlich für eine Pastorin.) Zum Zeichen des Dienstes dient dem Richter und dem Pastoren als Amtsperson, nicht als Privatperson, der Talar.

In unserer evangelischen Kirche hat sich als Talar das mittelalterliche Gelehrtengewand eingebürgert, schwarz mit weißem Beffchen. Viele meinen, dass die vorwiegend schwarze Farbe das Erscheinungsbild düster und traurig stimme, im Gegensatz dazu, dass ja das Evangelium, die frohe Botschaft, verkündigt wird. Bei dieser Betrachtung ist ein kleiner Lichtblick das weiße Beffchen, das ursprünglich den Talarkragen vor Verschmutzung durch einen Bart schützen sollte (viele Pastoren früher – und nicht nur früher – hatten und haben Rauschebärte).

Schwarz-weiß die Amtstracht: Ist sie wirklich so düster oder nicht vielmehr feierlich? Bei der Hochzeit ist normalerweise der Bräutigam schwarz-weiß gekleidet. Dabei ist der Hochzeitstag nicht unbedingt ein Trauertag.

Sicherlich könnte es in unserer Kirche getrost etwas farbenfreudiger zugehen im Einklang mit der Ökumene. Von dieser Einsicht geleitet, trage ich bei besonderen Anlässen voller Freude eine sehr schöne, mir geschenkte Stola, in Südamerika angefertigt, auch wenn diese nicht zur offiziellen Kleiderordnung unserer Kirche gehört. Grundsätzlich meine ich, man solle die Kleiderfrage nicht so hochhängen. Für diese Sache ist für mich maßgebend das Wort von Theologieprofessor Helmut Thielicke: „Es geht um den Text, nicht um Textilien."

Mit dem Beffchen hatte ich eine kleine Begebenheit, die ich in Erinnerung behalte. Ein Pfarrer erzählte mir, was ihm einmal bei einer Beerdigung passiert war. Er hatte sein Beffchen vergessen und sich eins aus Papier gebastelt. Es war sehr stürmisch und auf einmal, gerade am Grabe, geschah es, dass sein Beffchen sich losriss und fröhlich davon flatterte. Daran musste ich denken, als ich vor einer Abendandacht kein Beffchen fand. Flugs holte ich weißes Papier und eine Schere, schnitt mir ein Beffchen zurecht und befestigte es mit einem Gummiband. Ich hatte gedacht, alles recht unauffällig gemanagt zu haben. Doch am nächsten Morgen fragte mich mein Vikariatsleiter scheinheilig, wie die Andacht verlaufen sei. „Zufriedenstellend!", meinte ich. „Und was war mit dem Beffchen?" Natürlich war meine Notlösung nicht unbemerkt geblieben

und ihm war davon brühwarm berich-
tet worden, von wem auch immer.

Mein Talar – nicht zu verwechseln
mit Altar, dieselben Buchstaben – ich
liebe ihn! Einmal habe ich sogar wage
erwogen, damit beerdigt zu werden.
Aber das hieße, die Liebe zu meiner
Amtstracht zu übertreiben. Außerdem:
Ich hoffe, das hat noch Zeit!

Die Pastorenhose

„Vati, deine Hose ist unmöglich, so
etwas von altmodisch!" Das war auf
der Promenade von Langeoog das
vernichtende Urteil meiner Kinder über
meine von mir sehr geliebte Beinbe-
kleidung. Sie fanden sich dabei in
Übereinstimmung mit meiner Frau. Ich
liebte meine Hose, vor allem, weil sie

sehr bequem war, leicht, der Sommer-
zeit angepasst, meiner Meinung nach
dezent unauffällig grau-blass-rot-
kariert. Weil ich sie so liebte, war sie
natürlich schon einige Jahre alt. Ich
wehrte mich mit Kräften gegen die
herabwürdigende Verurteilung dieses
Kleidungsstückes, vielleicht auch
schon deshalb, weil ich insgeheim Kri-
tik an meiner Person, jedenfalls an
meinem Auftreten, vermutete. Auf je-
den Fall war ich der Meinung, dass ich
mich mit dieser Hose durchaus mit
denen meiner männlichen Artgenos-
sen messen könne.

Auf meinen Vorschlag hin setzten
wir uns auf eine Promenadenbank und
begutachteten die Beinkleider vo-
rübergehender Promenierender. Wir
kamen aus dem Lachen nicht heraus.

Da waren männliche Wesen mit Hosen angetan, die große Ähnlichkeit mit Mehlsäcken hatten; sie waren ausgebeult, engten sprießende Bäuche ein, waren abgewetzt und abgetragen an den Knien. Natürlich erwarteten wir auf einer Strandpromenade keine fein geschnittenen Hosen mit Bügelfalten, aber was sich uns bot, waren ganz selten ästhetische Anblicke. Natürlich kann man im Badeort im Sommer auch kurze Hosen tragen, aber mussten sie gerade bei älteren Männern gar so kurz sein, knapp den Zusammenschluss der Oberschenkel bedeckend, darunter dürre, käsige Beingestelle oder von der Sonne verbrannte knallrote Gehwerkzeuge. Ein älterer Mann in kurzer Lederhose, hier auf der Strandpromenade, gab den letzten
180

Ausschlag: Wir prusteten vor Lachen und weder meine geliebten Kinder noch meine geliebte Ehefrau verlangten von mir den Kauf einer neuen Hose. Die alte schien gerettet! Wie lange?

Wie jedes Jahr hatten wir in unserem Gemeindehaus Gäste mit Behinderung aus einem Männerhaus der Diakonie. Einem der Männer, wahrscheinlich aus Aufregung in einer für ihn ungewohnten Umgebung, passierte etwas Menschliches. Meine Frau und eine Freundin reinigten ihn unter der Dusche. Neben anderen Kleidungsstücken war seine Hose nicht mehr zu gebrauchen. Was tat die Freundin meiner Frau? Im Abstellraum des Gemeindehauses waren für eine Kleidersammlung der Diakonie Kleidersäcke aufbewahrt. Die Freundin fischte daraus eine Hose für unseren Gast. Ich komme hinzu und traue meinen Augen nicht. Mein Aufschrei: „Das ist ja meine Hose!" Ich hatte sie schon einige Tage vermisst und gesucht. Nun war sie für mich für immer verloren. Aber sie war nicht für immer aus meinen Augen. Jedes Mal, wenn die Gäste in der Gemeinde zu Besuch waren, hatte unser Karl, so hieß der mit meiner Hose Beschenkte, meine Hose an, und war voller Stolz, die ‚Pastorenhose', wie er sie nannte, als schmuckes Beinkleid sonntags spazieren führen zu können.

Ein Strandkorb in meinem Garten

„Dein Mann ist ja mächtig stolz auf seinen Strandkorb", meinte eine Freundin zu meiner Frau, nachdem ich ihr in unserem kleinen hübschen Garten den Strandkorb gezeigt und sie aufgefordert hatte, darin einmal Platz zu nehmen.

Stolz auf meinen Strandkorb? Wie kann man stolz sein auf ein solches Möbelstück, das wir zudem als Schnäppchen gekauft haben? Nein! Ich finde den Strandkorb, mitten in Westfalen, 400 Kilometer von der See entfernt, eher witzig, kurios; in diesem Sinn zeige ich ihn den Besuchern in der Erwartung, dass sie darüber lachen, zumindest schmunzeln können.

Ursprünglich habe ich ja selber so einen Strandkorb in hiesiger Gegend nicht nur für kurios, sondern für völlig unpassend gehalten. Erst Nachbarn von uns brachten uns auf die Idee, es selber mit einem solchen norddeutschen Möbel zu versuchen. Sie schwärmten ungemein von ihrem Strandkorb. Als meine Frau entgegnete, bei uns in unseren sonnenarmen Breiten würde sie es sich vielleicht achtmal im Jahr im Strandkorb bequem machen können, antwortete die Nachbarin: „Nicht achtmal im Jahr, achtmal in der Woche!"

Das war für uns ausschlaggebend und wir machten uns auf die Suche. Zwei Bedingungen, außer den finanziellen natürlich, sollten erfüllt werden: Erst einmal ging es um die Breite des

Strandkorbes, er musste durch unsere hintere Garagentür, deren Breite wir sorgfältig vermaßen, in den Garten gelangen können. Zweitens sollte er blau-weiß gestreift sein, passend zu unseren Terrassenmöbeln.

Wir machten uns also auf die Suche im April 2001. In den meisten Baumärkten gab es Fehlanzeige, sie waren nicht „up to date". In einem Geschäft mit billigen Möbeln waren die angebotenen Körbe offensichtlich zu plöterig. Alsbald machten wir uns auf nach Büderich zu Turflon und siehe da, ein einziger Strandkorb stand in einer Ecke, ausgerechnet in den von uns gewünschten Farben: blau-weiß gestreift. Doch er hatte zwei Schönheitsfehler: erst einmal der stolze Preis und außerdem war durch die

Sitzproben durch schwarzes Schuh-
werk der Holzkasten verschmutzt.

Wir bekamen durch die zuletzt ge-
nannte Beeinträchtigung einen Preis-
nachlass von 600,- DM. Beide Defizite
erledigten sich, da die Verschmutzung
leicht zu beheben war. Also wurden
wir schnell handelseinig. Skrupel hat-
ten wir noch im Blick auf den Trans-
port in unseren Garten. Würde er wirk-
lich durch die Garagentür passen? Auf
jeden Fall würde es sehr eng werden.
Wenn es nicht ging, was dann? Even-
tuell musste er mit einem Kraftakt über
die hohe Hecke des Nachbarn ge-
schafft werden müssen, Genehmigung
vorausgesetzt. Aber das würde
schwierig sein. Dann blieb nur noch
übrig, bei weiter entfernten Nachbarn,
deren offener Garten bis ans angren-

zende Feld ging, den Transport ca. 300 Meter lang auf dem Feldrand bis zu unserem Garten zu vollziehen.

Der Tag kam, an dem die Lieferung erfolgen sollte. Ausgerechnet zu der Zeit musste ich nach Werl zur Beerdigung meines alten Klassenlehrers und alles meiner Frau überlassen. Den Beerdigungskaffee nahm ich voller Unruhe ein und düste dann mit gerade noch erlaubtem Tempo heimwärts. Mein erster Blick galt dem Garten und siehe, da stand er, für mich bereit.

Wie meine Frau berichtete, war er in Millimeterarbeit ganz knapp durch die Garagentür gelangt. Ich machte es mir sogleich in dem Korb bequem und fand, dass er, wie erhofft, Windschutz und Sichtschutz gewährte.

Windschutz war notwendig, da unser Garten an ein freies Feld grenzt und wir unmittelbar dem Wind ausgesetzt sind. Eigentlich ist es immer windig; man konnte sich in dieser Beziehung an der See wähnen, besonders, wenn das Getreide im Wind wie Wellen wogte.

Im Strandkorb sitzend ist man vom Wind geschützt. Ich kann sogar die Zeitung lesen, was sonst auf unserer Terrasse nicht möglich ist. Sodann bietet der Strandkorb guten Sichtschutz. Unsere Nachbarn hatten einen großen Schäferhund, der entlang dem angrenzenden Drahtzaun unentwegt auf und ab strich, seine Hundehütte ebenfalls in Sichtweite. Diesen Anblick konnten wir uns nun ersparen.

Als wir an der Ostsee waren, habe ich folgendes Loblied auf den Strandkorb bei einem Vermieter gefunden: „Ein Strandkorb ist Dein eigen Haus, da ruhst Du Dich allein schön aus. Der Strandkorb schützt vor Wind und Regen. Und darin kannst Du Dich ganz frei bewegen. Man kann drin sitzen ganz allein, doch manchmal auch zu Zweien."

Mit unserem Strandkorb haben wir schon einiges erlebt. Nach einem etwas anstrengenden Vormittag hielten meine Frau und ich Mittagsruhe. Ein starker Sturm kam auf und rüttelte am Fenster und machte unser Nickerchen unruhig. Auf einmal fuhren wir auf, es hatte gekracht. Doch wir ahnten nichts Böses, beim Nachbarn gab es manchmal unerklärlich laute Geräusche; vielleicht war da wieder mal ein Terrassenstuhl umgefallen. Bald standen wir auf und ich schaute zufällig auf die Terrasse: Kein Strandkorb mehr da! im ersten Augenblick dachte ich, er sei gestohlen. Ich stürzte auf die Terrasse, da lag er, der Strandkorb, an der Seite unseres Hauses, ziemlich weit von seinem gewohnten Standort entfernt, er lag auf dem Rücken. Bei strömendem Regen stellten wir ihn mühsam wieder auf. „Hoffentlich ist durch den Sturz nichts gebrochen!"

Doch wo war die große, teure Plane? Meine Frau schaute zufällig aus dem Küchenfenster auf die Straße und sah, wie ein Auto gerade einen großen Bogen um unsere Plane machte, die mitten auf der Straße gelandet war, augenscheinlich vom Sturm über die Garage hinweggefegt. Wir schaffen den Korb mühsam auf den alten Platz.

Als später einmal Freunde unsere Terrasse genießen und auch den Strandkorb besichtigen, sagt der Freund: „Er steht leider auf einem falschen Platz!" Ich schaue irritiert.

Der Freund: „Er steht nicht in meinem Garten!"